이은경쌤의 초등 글쓰기 완성 시리즈 활용법

도서	주제	이런 친구에게 추천해요	권장 학년
세줄쓰기	하루 세 줄로 글쓰기 시작!	• 글쓰기를 해 본 적 없어서 낯설고 어려운 친구 • 글쓰기 슬럼프에 빠져 아무것도 쓰고 싶지 않은 친구	전학년
전래동화 바꿔쓰기	전래동화 명장면을 새롭게 바꿔 쓰기	• 어떤 재미난 책을 읽어도 내용이 잘 기억나지 않는 친구 • 나만의 이야기를 쓰고 싶은데 막상 엄두가 안 나는 친구	1~3
주제 일기쓰기	질문에 답하면서 오늘 일기 완성!	• 일기 쓸 때마다 뭘 써야 할지 생각나지 않는 친구 • 부모님 도움 없이 혼자서도 일기를 써 보고 싶은 친구	3~5
표현 글쓰기	의성어, 의태어로 멋진 문장 쓰기	• 매일 비슷비슷한 문장만 쓰느라 글쓰기가 지겨워진 친구 • 글 잘 쓴다는 칭찬을 받고 우쭐해지고 싶은 친구	1~3
자유글쓰기	자유롭게 마음껏 긴 글 쓰기	• 자유롭게 마음껏 상상하는 것을 좋아하는 친구 • 한 장 꽉 채워 쓰기에 도전해 보고 싶은 친구	3~5
생각글쓰기	내 생각과 이유를 정리해서 쓰기	• 〈세줄쓰기〉, 〈자유글쓰기〉를 써 보면서 자신감이 붙은 친구 • 논술에 도전해 보고 싶지만 아직은 자신이 없는 친구	5~중1
기본 책읽고쓰기	읽은 내용을 짧게 정리하기	• 책 읽는 건 좋아하지만 독서록은 아직 안 써 본 친구 • 독서록을 써 봤지만 힘들어서 다시는 안 쓰고 싶은 친구	1~3
심화 책읽고쓰기	읽은 내용을 글로 정리하기	• 독서록 숙제를 해 봤는데, 정말 겨우겨우 써서 낸 친구 • 책을 읽고 나서 내 생각을 정리해 보고 싶은 친구	3~5
왜냐하면 글쓰기	질문에 답하면서 선택과 이유 쓰기	• '왜'라는 질문에 늘 '그냥'이라고 대답했던 친구 • 논리가 무엇인지, 논술이 무엇인지 어렵기만 한 친구	1~3
기본 교과서논술	주장과 까닭을 쓰며 논술 맛보기	• 〈왜냐하면 글쓰기〉, 〈생각글쓰기〉를 써 본 친구 • 논술을 써 본 적은 없지만 시도해 보고 싶은 친구	3~5
심화 교과서논술	진짜 논술 실력 다지기	• 기본 〈교과서논술〉, 〈논술 쓰기〉를 써 본 친구 • 중학교 입학을 앞두고 탄탄한 논술 실력을 다지고 싶은 친구	5~중1
논술 쓰기	개요를 작성하며 주장하는 글 쓰기	• 글쓰기 경험은 많지만 논술은 써 본 적 없는 친구 • 다른 학원에 가느라 논술 학원을 다닐 시간이 없는 친구	3~5
기본 주제 요약하기	글의 핵심을 찾아 쓰기	• 기본 〈책읽고쓰기〉, 〈자유글쓰기〉를 써 본 친구 • 재미있게 글을 읽었는데도 요약해서 설명하기 어려운 친구	3~5
심화 주제 요약하기	비문학 글에서 주제 찾아 쓰기	• 심화 〈책읽고쓰기〉, 〈자유글쓰기〉를 써 본 친구 • 신문 기사를 읽고 어떤 내용인지 잘 이해가 안 가는 친구	5~중1
수행평가 글쓰기	과목별·유형별로 수행평가 대비	• 심화 〈주제 요약하기〉, 기본 〈교과서논술〉을 써 본 친구 • 보고서 쓰기가 어려운 친구	5~중1

* 영어도 대비하고 싶다면? 영어 한줄쓰기 ▶ 영어 세줄쓰기 ▶ 영어 일기쓰기

이은경쌤의
초등 글쓰기 완성 시리즈

기본 1-3학년 권장

책읽고쓰기

읽은 내용을 짧게 정리하며 **생각하는 힘**을 길러요

이은경쌤의
초등 글쓰기 완성 시리즈

기본 1-3학년 권장

책읽고쓰기

읽은 내용을 **짧게 정리**하며 **생각하는 힘**을 길러요

이은경 지음

상상아카데미

시작하기 전에 ·· 06

읽은 책을 기록하면 생기는 세 가지 힘 ·············· 08

우리, 약속할까? ·· 10

나만의 물음표를 만들어 봐! ··························· 11

독서 기록 미션, 5단계 작전 ··························· 12

순한맛? 매운맛? ·· 13

미션 완료 나무 ·· 14

책 읽고 이렇게 써 봐! ··································· 16

순한맛 미션 25 ·· 18

매운맛 미션 25 ·· 70

시작하기 전에

안녕!

나는 오늘부터 너와 매일 즐거운 책 읽기를 시작할 이은경 선생님이라고 해. 내가 어떻게 생겼는지, 어떤 사람인지 궁금할 수 있으니 내 사진을 보여 줄게.

나는 네가 누구인지 정말 많이 궁금해.
우리는 이제 함께 읽을 거니까
서로를 '읽는 사람'으로 부르자.
나는 **읽는 사람** 이은경이야.

안녕하세요,

저는 책 **읽는 사람** _____ 입니다.

_____ 살 때부터 지금까지 책을 읽었어요.

가장 최근에 읽은 건 _____ 예요.

하루 중 _____ 할 때, _____ 할 때,

_____ 할 때 주로 책을 읽고,

못 읽거나 조금 읽는 날도 많아요.

지금껏 가장 재미있게 읽은 책의 제목은

_____ 예요.

이 책 한 번 꼭 읽어 보세요. 정말 재미있어요!

오늘부터는 읽은 책에 관해 하나씩 적어 볼 거예요.

이 노트는 제 평생의 엄청난 재산이 되겠죠?

알려 주어서 고마워, 반갑다.

우리, 열심히 읽자.

그리고 열심히 읽은 걸 기록하자.

읽은 책을 기록하면 생기는 세 가지 힘

읽은 책을 굳이 기록하는 이유는 뭘까?
기록하다 보면 세 가지 아주 강한 힘이 생겨. 잠깐만 선생님의 이야기를 들어 볼래?

나는 정말 후회하는 중이야.

선생님은 책을 정말 많이 좋아해서 어릴 때부터 지금까지 하루도 책을 읽지 않은 날이 없을 정도야. 학교에 다녀와 숙제를 후딱 끝내고 저녁밥을 먹기 전에도 읽었고, 밥 먹고 나서도 읽었고, 기차에서도 읽었고, 비행기에서도 읽었어. 학교에서도 읽었고, 선생님이 되어서도 교실에서 틈나는 대로 읽었지. 물론, 요즘은 우리 집 거실에서 날마다 뒹굴며 읽고 있지.

그런데 나는 당시 내가 읽었던 책을 기록하지 않았고, 요즘 그걸 엄청나게 후회하고 있어. 책을 읽고 나서 간단하게 기록을 남기는 것만으로도 세 가지의 힘이 길러지는데 말이야. 어떤 힘이 길러질지 궁금하지?

첫 번째 ➜ 떠올리는 힘

    오늘 읽은 책의 제목이 뭐였는지, 등장인물의 이름은 뭐였는지, 책 속 세상에서 어떤 일이 일어났는지 정도는 떠올릴 수 있지? 그걸 한 줄로 가볍게 적어 두는 것도 어렵지 않을 거야. 하지만 시간이 한참 지나면 책에 대한 기억이 가물가물해져. 책 제목도 생각나지 않지. 그럴 때 네가 기록해둔 내용을 펼쳐 보면 책의 내용이 다시 생각날 거야. 그리고 그 힘은 너를 다시 책의 세상으로 이끌어 줄 거야.

두 번째 ➜ 생각하는 힘

    이 책의 미션을 하나씩 끝내다 보면 자연스럽게 생각하는 힘이 길러질 거야. 책에 대한 느낌을 기록하고, 주인공의 입장을 정리해 보려면 '생각'을 해야 하기 때문이지. 읽은 책에 관해 아주 간단하게 한 줄만 써도 생각하는 힘을 기를 수 있어. 쉽고 간단하지? 너도 충분히 할 수 있을 거야!

세 번째 ➜ 쓰는 힘

    오늘부터 우리는 매일 5분씩 시간을 내어 독서 기록에 도전해 볼 거야. 길게 쓸 필요는 없어. 길게 쓴다고 무조건 좋은 게 아니거든. 그러니까 오래 걸릴까 봐, 손 아플까 봐 걱정하지 마. 책을 읽고 나서 5분 동안 기록하는 시간을 가지면, 쓰는 습관이 길러지고, 쓰는 것도 덜 힘들어지고, 손의 힘도 세질 거야. 그리고 무엇보다 너에게 아주 즐겁고 재미있는 시간이 될 거야.

우리, 약속할까?

선생님이랑 몇 가지 약속을 해 볼래?

선생님이랑 하는 약속들은 네가 지키기 위해 노력할수록

더 멋진 사람이 되는 신통한 것들이야.

그리고 다행히도 그다지 지키기 어려운 약속은 아니지.

1. 나는 매일 조금이라도 읽는 사람이 되겠습니다.

2. 내용에 집중하기 어려울 때는 딱 5분만 소리 내어 읽어 보겠습니다.

3. 책을 읽고 나서는 책의 제목과 읽은 날짜를 기록하겠습니다.

4. 책을 읽은 내 느낌과 생각을 간단하게 기록하겠습니다.

5. 책을 읽으면서 '나만의 물음표'를 계속 만들어 보겠습니다.

'나만의 물음표'가 뭔지 궁금하지? 알아보러 출발!

나만의 물음표를 만들어 봐!

책에 푹 빠져들어 읽다 보면

어느 순간 '나만의 물음표'가 하나씩 생기기 시작할 거야.

'나만의 물음표'는 읽으면서 자연스레 드는

생각, 궁금증, 호기심, 상상 등을 의미하는데, 아주 재미있는 친구야.

책을 읽을수록 나만의 물음표는 점점 더 많아지고,

책 읽기는 더 즐거워지고, 생각하는 힘은 점점 더 단단해질 거야.

이제, 나만의 물음표를 만들어 볼까?

- 책 제목은 왜 이렇게 지은 걸까?
- 책에서 가장 흥미로운 사건은 어떤 거야?
- 책에서 가장 마음에 들지 않는 사건은 어떤 거야?
- 이 책을 내 친구들도 좋아할까?
- 작가는 왜 이런 책을 쓴 걸까?

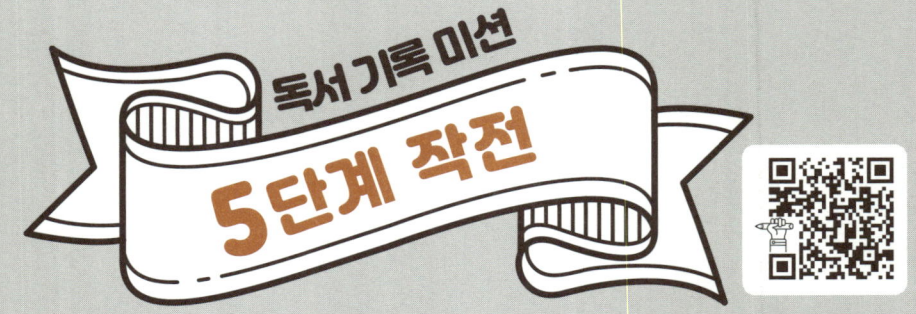

독서 기록 미션은 내가 읽은 책의 제목, 지은이, 날짜, 책 내용을 아주 간단하게 정리하는 일이야. 아무리 길어도 5분이면 끝! 엄청 쉽겠지? 맞아. 엄청나게 쉽고 간단한 일이야. 자, 우리만의 독서 기록 미션 5단계 작전을 살펴볼까?

매일 편안하고 여유로운 마음으로 10분만 책을 읽어 보자. 책이 생각보다 더 재미있는 친구라는 생각이 몽글몽글 떠오를 거야.

미션은 순서대로 하지 않아도 괜찮아. 오늘 읽은 책과 가장 어울릴 만한 미션을 골라 봐.

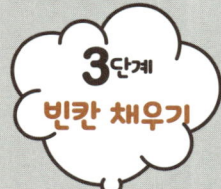

읽었던 책을 펼치지 말고, 미션의 빈칸을 하나씩 채워 봐. 읽은 날짜와 책 제목 정도는 뚝딱 적을 수 있겠지? 기억 안 나는 건 그냥 내버려 둬도 괜찮아!

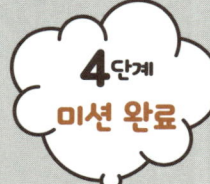

채우지 못한 빈칸은 읽었던 책을 펼쳐서 끝내 보자. 보고 해도 되고, 다시 생각하면서 해도 되고, 마음이 바뀌면 지우고 다시 해도 돼!

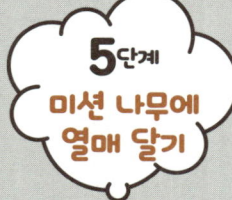

미션 나무를 펼쳐. (14쪽) 오늘의 미션 번호에다가 열매를 달아 줘. 이렇게 하나씩 열매를 달아서 근사한 나무를 완성할 거야.

순한맛? 매운맛?

순한맛이 뭐고, 매운맛이 뭐냐고?

떡볶이도 아닌데 말이야.

떡볶이는 아니지만 오늘부터 네가 할 미션은

두 가지 맛으로 나누어져 있어. 순한맛은 순해. 쉽다는 뜻이야.

책을 읽고 나면, 누구나 할 수 있는 쉽고 간단한 미션이야.

그래서 5분이면 뚝딱 끝낼 수 있어. 좀 시시할 수도 있으니까 주의.

매운맛은 좀 매콤할 거야.

책을 읽고 나서 생각을 해야 하거든.

생각하지 않으면 쓸 수 없으니

머리가 좀 아프긴 한데, 훨씬 재미있을 거야.

그래서 순한맛 미션을 모두 끝내고 나서

매운맛 미션으로 넘어가는 걸 추천해.

순한맛 미션 25

**책의 내용을 간단하게 떠올리면서
빈칸 채우기**

매운맛 미션 25

**책에 관한 생각과 이유를 떠올리면서
빈칸 채우기**

미션 완료 나무

순한맛 미션 25개, 매운맛 미션 25개를 하는 동안, 무려 50권이라는 엄청난 분량의 책을 읽게 될 거야. 미션을 끝낼 때마다 번호에 예쁜 색을 칠해서 멋진 나무를 완성해 줄래?

순한맛

언제 읽었어?	2021년 12월 1일 ~ 2021년 12월 5일
책 제목은?	양순이네 떡집
지은이는 누구지?	김리리 글, 김이랑 그림

🙂 만약 내가 책의 주인공이라면 어떤 기분이 들 것 같아?

기분: 고민이 모두 다 해결된 것 같은 속이 시원하게 뻥 뚫리는 기분

🙂 등장인물 중 한 사람에게 궁금한 것 한 가지를 질문할 수 있다면 누구에게 어떤 질문을 할 거야?

누구에게: 꼬랑지

질문: 왜 양순이를 도와주고 싶은 마음이 들었어?

🙂 책의 제목을 다시 짓는다면 어떤 제목으로 바꾸고 싶어?

원래 제목: 양순이네 떡집

바꾼 제목: 양순이네 고민 해결 떡집

🙂 주인공과 등장인물의 이름을 모두 떠올려서 적어 볼까? 누가 있더라?

주인공: 양순이

등장인물: 꼬랑지, 양순이 동생, 양순이 엄마, 양순이 아빠

순한맛은 순해.
쉽다는 뜻이야. 책을 읽었다면
누구나 쓸 수 있는 쉽고 간단한 미션이야.
그래서 5분이면 뚝딱 끝낼 수 있어.
좀 시시할 수도 있으니까 주의.

순한맛 미션 01

언제 읽었어?	년 월 일 ~ 년 월 일
책 제목은?	
지은이는 누구지?	

👧 만약 내가 책의 주인공이라면 어떤 기분이 들 것 같아?

기분: ....

👧 등장인물 중 한 사람에게 궁금한 것 한 가지를 질문할 수 있다면 누구에게 어떤 질문을 할 거야?

누구에게: ....

질문: ....

👧 책의 제목을 다시 짓는다면 어떤 제목으로 바꾸고 싶어?

원래 제목: ....

바꾼 제목: ....

👧 주인공과 등장인물의 이름을 모두 떠올려서 적어 볼까? 누가 있더라?

주인공: ....

등장인물: ....

언제 읽었어?	년　　월　　일　~　　년　　월　　일
책 제목은?	
지은이는 누구지?	

🍙 만약 내가 등장인물 중 한 사람이라면 어떤 기분이 들 것 같아?

누구: ....

어떤 기분: ....

🍙 책에서 최고의 장면을 하나만 고른다면?

최고의 장면: ....

🍙 책을 읽고 난 느낌을 한 문장으로 표현한다면?

느낌: ....

🍙 책에 나왔던 내용으로 퀴즈를 만들고 정답도 알려 줘!

문제: ....

정답: ....

순한맛 미션 03

언제 읽었어?	년 월 일 ~ 년 월 일
책 제목은?	
지은이는 누구지?	

📖 책에 나왔던 최고의 한 문장을 골라 그대로 옮겨 써 봐!

최고의 문장: _____

📖 등장인물 중 한 사람에게 질문할 수 있다면 누구에게 어떤 질문을 하고 싶어?

누구에게: _____

질문: _____

📖 만약 내가 책의 주인공이라면 어떤 기분이 들 것 같아?

어떤 기분: _____

📖 주변에 이 책을 추천하고 싶은 사람이 있다면 누구야?

누구에게: _____

언제 읽었어?	년 월 일 ~ 년 월 일
책 제목은?	
지은이는 누구지?	

👧 책에 별점을 준다면 몇 점을 주고 싶어?

👧 주인공에게 궁금한 것 한 가지를 질문할 수 있다면 어떤 질문을 할 거야?

 질문: ....

👧 책에 나오는 물건 중 가장 갖고 싶은 것 하나만 골라 봐!

....

👧 책에 나오는 대사 중 가장 마음에 드는 한 마디를 써 봐!

....

언제 읽었어?	년 월 일 ~ 년 월 일
책 제목은?	
지은이는 누구지?	

🧑 만약 내가 책의 주인공이라면 어떤 기분이 들 것 같아?

기분:

🧑 등장인물 중 한 사람에게 궁금한 것 한 가지를 질문할 수 있다면 누구에게 어떤 질문을 할 거야?

누구에게:

질문:

🧑 책의 제목을 다시 짓는다면 어떤 제목으로 바꾸고 싶어?

원래 제목:

바꾼 제목:

🧑 주인공과 등장인물의 이름을 모두 떠올려서 적어 볼까? 누가 있더라?

주인공:

등장인물:

순한맛 미션 06

언제 읽었어?	년 월 일 ~ 년 월 일
책 제목은?	
지은이는 누구지?	

👧 만약 내가 등장인물 중 한 사람이라면 어떤 기분이 들 것 같아?

누구: ....

어떤 기분: ....

👧 책에서 최고의 장면을 하나만 고른다면?

최고의 장면: ....

👧 책을 읽고 난 느낌을 한 문장으로 표현한다면?

느낌: ....

👧 책에 나왔던 내용으로 퀴즈를 만들고 정답도 알려 줘!

문제: ....

정답: ....

언제 읽었어?	년　월　일 ~　년　월　일
책 제목은?	
지은이는 누구지?	

👧 책에 나왔던 최고의 한 문장을 골라 그대로 옮겨 써 봐!

최고의 문장: ....

👧 등장인물 중 한 사람에게 질문할 수 있다면 누구에게 어떤 질문을 하고 싶어?

누구에게: ....

질문: ....

👧 만약 내가 책의 주인공이라면 어떤 기분이 들 것 같아?

어떤 기분: ....

👧 주변에 이 책을 추천하고 싶은 사람이 있다면 누구야?

누구에게: ....

순한맛 미션 08

언제 읽었어?	년 월 일 ~ 년 월 일
책 제목은?	
지은이는 누구지?	

🙎‍♀️ 책에 별점을 준다면 몇 점을 주고 싶어?

☆ ☆ ☆ ☆ ☆

🙎‍♀️ 주인공에게 궁금한 것 한 가지를 질문할 수 있다면 어떤 질문을 할 거야?

질문:

🙎‍♀️ 책에 나오는 물건 중 가장 갖고 싶은 것 하나만 골라 봐!

🙎‍♀️ 책에 나오는 대사 중 가장 마음에 드는 한 마디를 써 봐!

언제 읽었어?	년 월 일 ~ 년 월 일
책 제목은?	
지은이는 누구지?	

🎀 만약 내가 책의 주인공이라면 어떤 기분이 들 것 같아?

기분: ....

🎀 등장인물 중 한 사람에게 궁금한 것 한 가지를 질문할 수 있다면 누구에게 어떤 질문을 할 거야?

누구에게: ....

질문: ....

🎀 책의 제목을 다시 짓는다면 어떤 제목으로 바꾸고 싶어?

원래 제목: ....

바꾼 제목: ....

🎀 주인공과 등장인물의 이름을 모두 떠올려서 적어 볼까? 누가 있더라?

주인공: ....

등장인물: ....

언제 읽었어?	년 월 일 ~ 년 월 일
책 제목은?	
지은이는 누구지?	

🙎 만약 내가 등장인물 중 한 사람이라면 어떤 기분이 들 것 같아?

누구: ....

어떤 기분: ....

🙎 책에서 최고의 장면을 하나만 고른다면?

최고의 장면: ....

🙎 책을 읽고 난 느낌을 한 문장으로 표현한다면?

느낌: ....

🙎 책에 나왔던 내용으로 퀴즈를 만들고 정답도 알려 줘!

문제: ....

정답: ....

🙋 책에 나왔던 최고의 한 문장을 골라 그대로 옮겨 써 봐!

　　최고의 문장: ....

🙋 등장인물 중 한 사람에게 질문할 수 있다면 누구에게 어떤 질문을 하고 싶어?

　　누구에게: ....

　　질문: ....

🙋 만약 내가 책의 주인공이라면 어떤 기분이 들 것 같아?

　　어떤 기분: ....

🙋 주변에 이 책을 추천하고 싶은 사람이 있다면 누구야?

　　누구에게: ....

순한맛 미션 12

언제 읽었어?	년 월 일 ~ 년 월 일
책 제목은?	
지은이는 누구지?	

🙍 책에 별점을 준다면 몇 점을 주고 싶어?

☆ ☆ ☆ ☆ ☆

🙍 주인공에게 궁금한 것 한 가지를 질문할 수 있다면 어떤 질문을 할 거야?

질문:

🙍 책에 나오는 물건 중 가장 갖고 싶은 것 하나만 골라 봐!

🙍 책에 나오는 대사 중 가장 마음에 드는 한 마디를 써 봐!

순한맛 미션 13

언제 읽었어?	년 월 일 ~ 년 월 일
책 제목은?	
지은이는 누구지?	

🎀 만약 내가 책의 주인공이라면 어떤 기분이 들 것 같아?

기분: _____

🎀 등장인물 중 한 사람에게 궁금한 것 한 가지를 질문할 수 있다면 누구에게 어떤 질문을 할 거야?

누구에게: _____

🎀 책의 제목을 다시 짓는다면 어떤 제목으로 바꾸고 싶어?

원래 제목: _____

바꾼 제목: _____

🎀 주인공과 등장인물의 이름을 모두 떠올려서 적어 볼까? 누가 있더라?

주인공: _____

등장인물: _____

언제 읽었어?   년 월 일 ~   년 월 일

책 제목은?

지은이는 누구지?

🙍 만약 내가 등장인물 중 한 사람이라면 어떤 기분이 들 것 같아?

　　누구: ....

　　어떤 기분: ....

🙍 책에서 최고의 장면을 하나만 고른다면?

　　최고의 장면: ....

🙍 책을 읽고 난 느낌을 한 문장으로 표현한다면?

　　느낌: ....

🙍 책에 나왔던 내용으로 퀴즈를 만들고 정답도 알려 줘!

　　문제: ....

　　정답: ....

순한맛 미션 15

언제 읽었어?	년 월 일 ~ 년 월 일
책 제목은?	
지은이는 누구지?	

🙍 책에 나왔던 최고의 한 문장을 골라 그대로 옮겨 써 봐!

최고의 문장: ＿＿＿＿＿＿＿＿＿＿＿＿＿＿＿＿＿＿＿＿＿＿＿＿＿＿＿＿＿＿＿＿

🙍 등장인물 중 한 사람에게 질문할 수 있다면 누구에게 어떤 질문을 하고 싶어?

누구에게: ＿＿＿＿＿＿＿＿＿＿＿＿＿＿＿＿＿＿＿＿＿＿＿＿＿＿＿＿＿＿＿＿

질문: ＿＿＿＿＿＿＿＿＿＿＿＿＿＿＿＿＿＿＿＿＿＿＿＿＿＿＿＿＿＿＿＿＿＿

🙍 만약 내가 책의 주인공이라면 어떤 기분이 들 것 같아?

어떤 기분: ＿＿＿＿＿＿＿＿＿＿＿＿＿＿＿＿＿＿＿＿＿＿＿＿＿＿＿＿＿＿＿

🙍 주변에 이 책을 추천하고 싶은 사람이 있다면 누구야?

누구에게: ＿＿＿＿＿＿＿＿＿＿＿＿＿＿＿＿＿＿＿＿＿＿＿＿＿＿＿＿＿＿＿＿

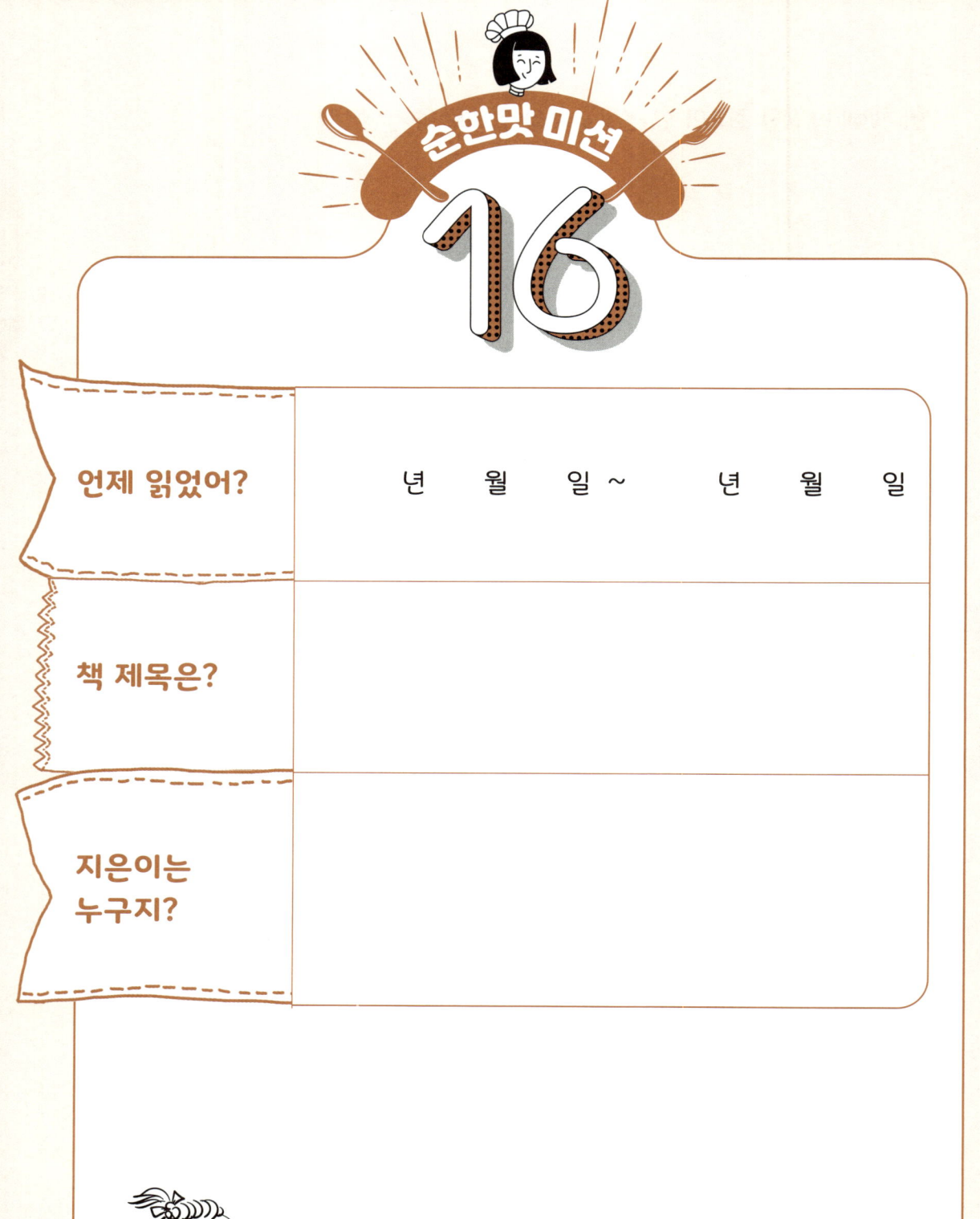

순한맛 미션 16

언제 읽었어?   년   월   일 ~   년   월   일

책 제목은?

지은이는 누구지?

👩 책에 별점을 준다면 몇 점을 주고 싶어?

👩 주인공에게 궁금한 것 한 가지를 질문할 수 있다면 어떤 질문을 할 거야?

질문:

👩 책에 나오는 물건 중 가장 갖고 싶은 것 하나만 골라 봐!

👩 책에 나오는 대사 중 가장 마음에 드는 한 마디를 써 봐!

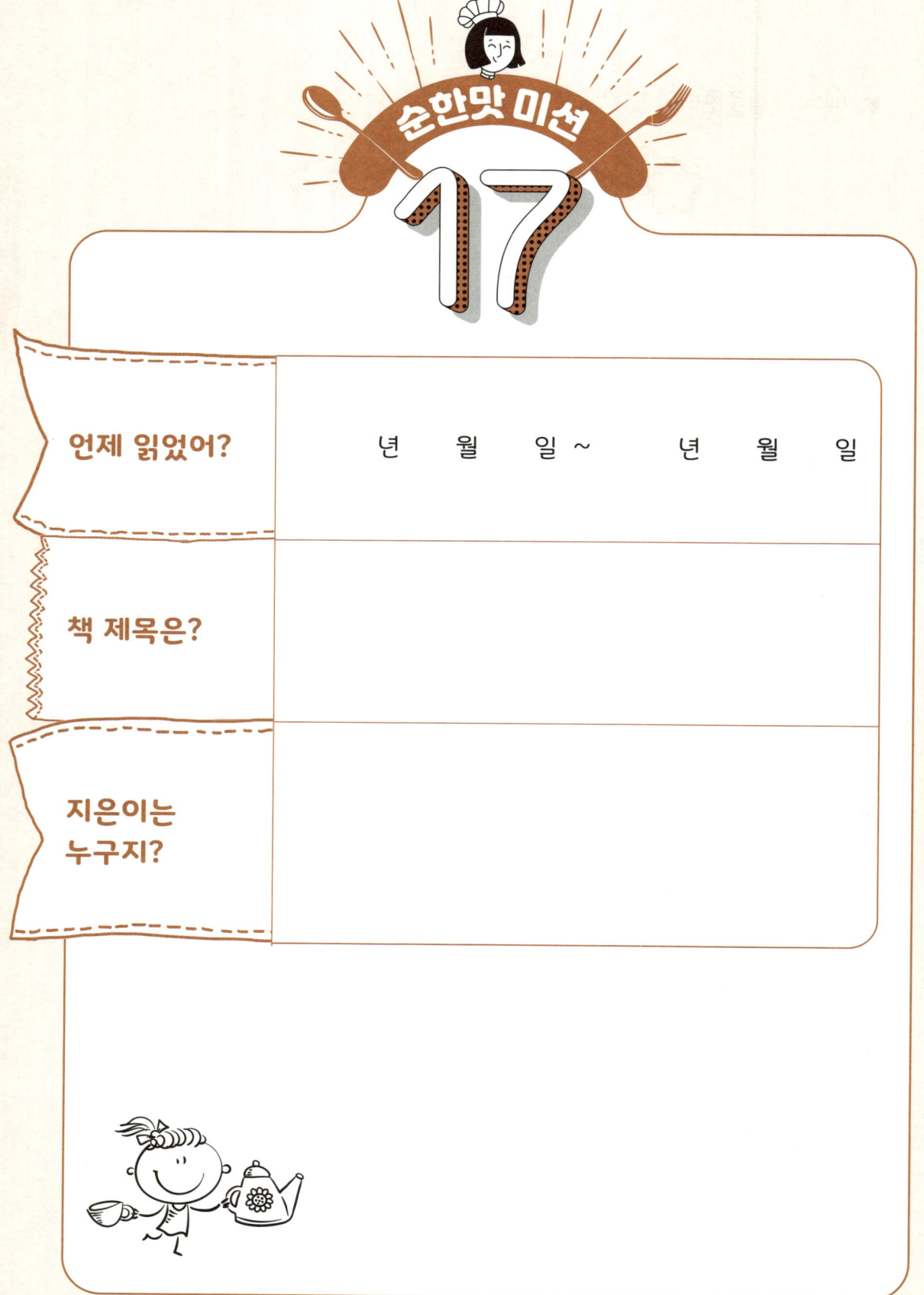

🎩 만약 내가 책의 주인공이라면 어떤 기분이 들 것 같아?

기분:

🎩 등장인물 중 한 사람에게 궁금한 것 한 가지를 질문할 수 있다면 누구에게 어떤 질문을 할 거야?

누구에게:

질문:

🎩 책의 제목을 다시 짓는다면 어떤 제목으로 바꾸고 싶어?

원래 제목:

바꾼 제목:

🎩 주인공과 등장인물의 이름을 모두 떠올려서 적어 볼까? 누가 있더라?

주인공:

등장인물:

순한맛 미션 18

언제 읽었어?	년 월 일 ~ 년 월 일
책 제목은?	
지은이는 누구지?	

👩 만약 내가 등장인물 중 한 사람이라면 어떤 기분이 들 것 같아?

누구: ....

어떤 기분: ....

👩 책에서 최고의 장면을 하나만 고른다면?

최고의 장면: ....

👩 책을 읽고 난 느낌을 한 문장으로 표현한다면?

느낌: ....

👩 책에 나왔던 내용으로 퀴즈를 만들고 정답도 알려 줘!

문제: ....

정답: ....

언제 읽었어?	년 월 일 ~ 년 월 일
책 제목은?	
지은이는 누구지?	

👧 책에 나왔던 최고의 한 문장을 골라 그대로 옮겨 써 봐!

최고의 문장:

👧 등장인물 중 한 사람에게 질문할 수 있다면 누구에게 어떤 질문을 하고 싶어?

누구에게:

질문:

👧 만약 내가 책의 주인공이라면 어떤 기분이 들 것 같아?

어떤 기분:

👧 주변에 이 책을 추천하고 싶은 사람이 있다면 누구야?

누구에게:

순한맛 미션 20

언제 읽었어?	년 월 일 ~ 년 월 일
책 제목은?	
지은이는 누구지?	

 책에 별점을 준다면 몇 점을 주고 싶어?

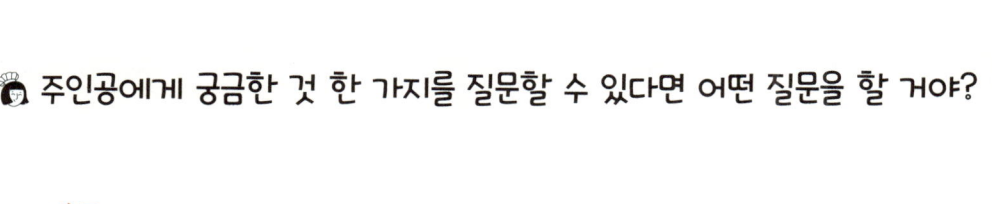 주인공에게 궁금한 것 한 가지를 질문할 수 있다면 어떤 질문을 할 거야?

질문:

 책에 나오는 물건 중 가장 갖고 싶은 것 하나만 골라 봐!

 책에 나오는 대사 중 가장 마음에 드는 한 마디를 써 봐!

순한맛 미션 21

언제 읽었어?	년 월 일 ~ 년 월 일
책 제목은?	
지은이는 누구지?	

🧑 만약 내가 책의 주인공이라면 어떤 기분이 들 것 같아?

기분: _____

🧑 등장인물 중 한 사람에게 궁금한 것 한 가지를 질문할 수 있다면 누구에게 어떤 질문을 할 거야?

누구에게: _____

질문: _____

🧑 책의 제목을 다시 짓는다면 어떤 제목으로 바꾸고 싶어?

원래 제목: _____

바꾼 제목: _____

🧑 주인공과 등장인물의 이름을 모두 떠올려서 적어 볼까? 누가 있더라?

주인공: _____

등장인물: _____

순한맛 미션 22

언제 읽었어?	년 월 일 ~ 년 월 일
책 제목은?	
지은이는 누구지?	

👧 만약 내가 등장인물 중 한 사람이라면 어떤 기분이 들 것 같아?

누구:

어떤 기분:

👧 책에서 최고의 장면을 하나만 고른다면?

최고의 장면:

👧 책을 읽고 난 느낌을 한 문장으로 표현한다면?

느낌:

👧 책에 나왔던 내용으로 퀴즈를 만들고 정답도 알려 줘!

문제:

정답:

순한맛 미션 23

언제 읽었어?	년 월 일 ~ 년 월 일
책 제목은?	
지은이는 누구지?	

📖 책에 나왔던 최고의 한 문장을 골라 그대로 옮겨 써 봐!

　　최고의 문장: ....

📖 등장인물 중 한 사람에게 질문할 수 있다면 누구에게 어떤 질문을 하고 싶어?

　　누구에게: ....

　　질문: ....

📖 만약 내가 책의 주인공이라면 어떤 기분이 들 것 같아?

　　어떤 기분: ....

📖 주변에 이 책을 추천하고 싶은 사람이 있다면 누구야?

　　누구에게: ....

순한맛 미션 24

언제 읽었어?	년 월 일 ~ 년 월 일
책 제목은?	
지은이는 누구지?	

👧 책에 별점을 준다면 몇 점을 주고 싶어?

☆ ☆ ☆ ☆ ☆

👧 주인공에게 궁금한 것 한 가지를 질문할 수 있다면 어떤 질문을 하고 싶어?

질문:

👧 책에 나오는 물건 중 가장 갖고 싶은 것 하나만 골라 봐!

👧 책에 나오는 대사 중 가장 마음에 드는 한 마디를 써 봐!

언제 읽었어?	년 월 일 ~ 년 월 일
책 제목은?	
지은이는 누구지?	

🧑 만약 내가 책의 주인공이라면 어떤 기분이 들 것 같아?

　　기분: _____

🧑 등장인물 중 한 사람에게 궁금한 것 한 가지를 질문할 수 있다면 누구에게 어떤 질문을 할 거야?

　　누구에게: _____

　　질문: _____

🧑 책의 제목을 다시 짓는다면 어떤 제목으로 바꾸고 싶어?

　　원래 제목: _____

　　바꾼 제목: _____

🧑 주인공과 등장인물의 이름을 모두 떠올려서 적어 볼까? 누가 있더라?

　　주인공: _____

　　등장인물: _____

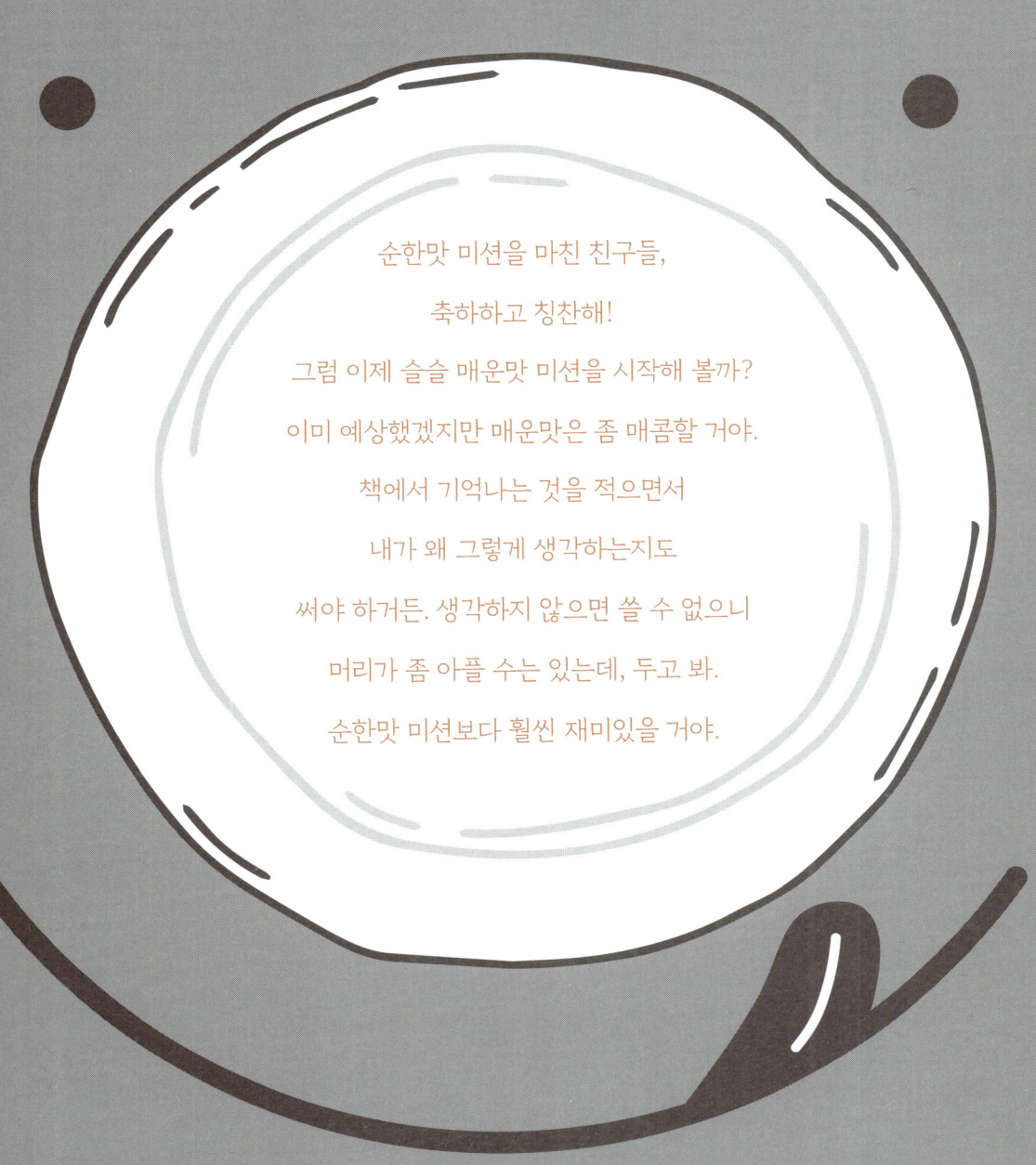

순한맛 미션을 마친 친구들,
축하하고 칭찬해!
그럼 이제 슬슬 매운맛 미션을 시작해 볼까?
이미 예상했겠지만 매운맛은 좀 매콤할 거야.
책에서 기억나는 것을 적으면서
내가 왜 그렇게 생각하는지도
써야 하거든. 생각하지 않으면 쓸 수 없으니
머리가 좀 아플 수는 있는데, 두고 봐.
순한맛 미션보다 훨씬 재미있을 거야.

언제 읽었어?	년 월 일 ~ 년 월 일
책 제목은?	
지은이는 누구지?	

🧑‍🍳 책을 읽고 난 느낌을 한 문장으로 표현한다면 어떻게 쓸 수 있을까?

한 문장 느낌: ....

어떤 장면에서 왜 이렇게 느낀 거야?: ....

....

🧑‍🍳 만약 내가 주인공이라면 어떤 기분이 들 것 같아?

주인공의 기분은?: ....

이런 기분이 들 것 같은 이유는 뭐야?: ....

....

🧑‍🍳 등장인물 중 한 사람에게 궁금한 것 딱 한 가지를 질문할 수 있다면 누구에게 어떤 질문을 할 거야?

누구에게 질문해 볼까?: ....

어떤 질문을 해 볼까?: ....

....

언제 읽었어?	년 월 일 ~ 년 월 일
책 제목은?	
지은이는 누구지?	

🧔 책의 제목을 다시 짓는다면 어떤 제목으로 바꾸고 싶어?

원래 제목:

내가 다시 지은 제목:

제목을 이렇게 바꾼 이유는 뭐니?:

🧔 만약 내가 등장인물 중 한 사람이라면 어떤 기분이 들 것 같아?

등장인물 중 누구의 기분이야?:

이 인물은 어떤 기분이 들 것 같아?:

왜 이런 기분이 들 것 같다고 생각해?:

🧔 책에서 최고의 장면을 하나만 고른다면?

최고의 장면은 뭐니?:

이 장면을 뽑은 이유는?:

언제 읽었어?	년 월 일 ~ 년 월 일
책 제목은?	
지은이는 누구지?	

👤 책을 읽고 난 느낌을 한 문장으로 표현한다면?

　　느낌이 어때?: _____

　　이렇게 표현한 이유는?: _____

　　_____

👤 책에 나왔던 최고의 한 문장을 고르고 그 이유를 생각해 봐!

　　최고의 문장은? _____

　　이 문장을 선택한 이유는 뭐야?: _____

　　_____

👤 등장인물 중 한 사람에게 질문할 수 있다면 누구에게 어떤 질문을 하고 싶어?

　　누구에게 궁금하니?: _____

　　어떤 질문을 할 거야?: _____

　　너는 그게 왜 궁금하니?: _____

　　_____

언제 읽었어?	년 월 일 ~ 년 월 일
책 제목은?	
지은이는 누구지?	

🍰 주인공에게 한 가지만 질문할 수 있다면 어떤 질문을 하고 싶어?

주인공에게 궁금한 점은 뭐야?:

넌 그게 왜 궁금하니?:

🍰 만약 내가 책의 주인공이라면 어떤 기분이 들 것 같아?

어떤 기분일까?:

왜 그런 기분일 거라고 생각해?:

🍰 책에 별점을 준다면 몇 점을 주고 싶니?

별점을 _____ 개 준 이유를 알려 줄래?:

언제 읽었어? 　　　년　월　일　~　　년　월　일

책 제목은?

지은이는 누구지?

🧔 책에 나왔던 최고의 한 문장을 고르고 그 이유를 생각해 봐!

최고의 문장은?: ....

이 문장을 선택한 이유는 뭐야?: ....

....

🧔 책 전체의 내용을 한 문장으로 요약한다면?

....

....

🧔 주인공에게 꼭 해 주고 싶은 한 마디 부탁해!

....

....

언제 읽었어?	년 월 일 ~ 년 월 일
책 제목은?	
지은이는 누구지?	

🧑‍🍳 주인공에게 한 가지만 질문할 수 있다면 어떤 질문을 하고 싶어?

주인공에게 궁금한 점은 뭐야?: ....
....

넌 그게 왜 궁금하니?: ....
....

🧑‍🍳 책을 쓴 작가에게 궁금한 점 하나만 써 볼래?

....
....

🧑‍🍳 왜 책 제목을 이렇게 지었을까?

책 제목: ....

왜 제목을 이렇게 지었을까?: ....

....

언제 읽었어?	년 월 일 ~ 년 월 일
책 제목은?	
지은이는 누구지?	

🧑 책에 별점을 준다면 몇 점을 주고 싶니?

별점을 _____ 개 준 이유를 알려 줄래?: ....

....

🧑 등장인물 중 한 사람에게 질문할 수 있다면 누구에게 어떤 질문을 하고 싶어?

누구에게 궁금하니?: ....

어떤 질문을 할 거야?: ....

....

너는 그게 왜 궁금하니?: ....

....

🧑 책의 제목을 다시 짓는다면 어떤 제목으로 바꾸고 싶어?

원래 제목: ....

내가 다시 지은 제목: ....

제목을 이렇게 바꾼 이유는 뭐니?: ....

....

언제 읽었어?	년 월 일 ~ 년 월 일
책 제목은?	
지은이는 누구지?	

- 책을 읽고 난 느낌을 한 문장으로 표현한다면 어떻게 쓸 수 있을까?

    한 문장 느낌:

    어떤 장면에서 왜 이렇게 느낀 거야?:

- 만약 내가 주인공이라면 어떤 기분이 들 것 같아?

    주인공의 기분은?:

    이런 기분이 들 것 같은 이유는 뭐야?:

- 등장인물 중 한 사람에게 궁금한 것 딱 한 가지를 질문할 수 있다면 누구에게 어떤 질문을 할 거야?

    누구에게 질문해 볼까?:

    어떤 질문을 해 볼까?:

언제 읽었어?	년　　월　　일　~　　년　　월　　일
책 제목은?	
지은이는 누구지?	

🧑‍🍳 책의 제목을 다시 짓는다면 어떤 제목으로 바꾸고 싶어?

원래 제목:

내가 다시 지은 제목:

제목을 이렇게 바꾼 이유는 뭐니?:

🧑‍🍳 만약 내가 등장인물 중 한 사람이라면 어떤 기분이 들 것 같아?

등장인물 중 누구의 기분이야?:

이 인물은 어떤 기분이 들 것 같아?:

왜 이런 기분이 들 것 같다고 생각해?:

🧑‍🍳 책에서 최고의 장면을 하나만 고른다면?

최고의 장면은 뭐니?:

이 장면을 뽑은 이유는?:

언제 읽었어?	년 월 일 ~ 년 월 일
책 제목은?	
지은이는 누구지?	

🍄 책을 읽고 난 느낌을 한 문장으로 표현한다면?

　　느낌이 어때?: ....

　　이렇게 표현한 이유는?: ....

　　..

🍄 책에 나왔던 최고의 한 문장을 고르고 그 이유를 생각해 봐!

　　최고의 문장은?: ....

　　이 문장을 선택한 이유는 뭐야?: ....

　　..

🍄 등장인물 중 한 사람에게 질문할 수 있다면 누구에게 어떤 질문을 하고 싶어?

　　누구에게 궁금하니? ....

　　어떤 질문을 할 거야?: ....

　　너는 그게 왜 궁금하니?: ....

　　..

언제 읽었어?	년 월 일 ~ 년 월 일
책 제목은?	
지은이는 누구지?	

🧑 주인공에게 한 가지만 질문할 수 있다면 어떤 질문을 하고 싶어?

주인공에게 궁금한 점은 뭐야?:

넌 그게 왜 궁금하니?:

🧑 만약 내가 책의 주인공이라면 어떤 기분이 들 것 같아?

어떤 기분일까?:

왜 그런 기분일 거라고 생각해?:

🧑 책에 별점을 준다면 몇 점을 주고 싶니?

☆ ☆ ☆ ☆ ☆

별점을 _____ 개 준 이유를 알려 줄래?:

언제 읽었어?	년 월 일 ~ 년 월 일
책 제목은?	
지은이는 누구지?	

👨‍🍳 책에 나왔던 최고의 한 문장을 고르고 그 이유를 생각해 봐!

최고의 문장은?: ....

이 문장을 선택한 이유는 뭐야?: ....

....

👨‍🍳 책 전체의 내용을 한 문장으로 요약한다면?

....

....

👨‍🍳 주인공에게 꼭 해 주고 싶은 한 마디 부탁해!

....

....

언제 읽었어?	년 월 일 ~ 년 월 일
책 제목은?	
지은이는 누구지?	

🍄 주인공에게 한 가지만 질문할 수 있다면 어떤 질문을 하고 싶어?

주인공에게 궁금한 점은 뭐야?:
....

....

넌 그게 왜 궁금하니?:
....

....

🍄 책을 쓴 작가에게 궁금한 점 하나만 써 볼래?

....

....

🍄 왜 책 제목을 이렇게 지었을까?

책 제목: ....

왜 제목을 이렇게 지었을까?: ....

....

언제 읽었어?	년 월 일 ~ 년 월 일
책 제목은?	
지은이는 누구지?	

👦 책에 별점을 준다면 몇 점을 주고 싶니?

별점을 _____개 준 이유를 알려 줄래?: ....

....

👦 등장인물 중 한 사람에게 질문할 수 있다면 누구에게 어떤 질문을 하고 싶어?

누구에게 궁금하니?: ....

어떤 질문을 할 거야?: ....

....

너는 그게 왜 궁금하니?: ....

....

👦 책의 제목을 다시 짓는다면 어떤 제목으로 바꾸고 싶어?

원래 제목: ....

내가 다시 지은 제목: ....

제목을 이렇게 바꾼 이유는 뭐니?: ....

....

언제 읽었어?	년 월 일 ~ 년 월 일
책 제목은?	
지은이는 누구지?	

🍄 책을 읽고 난 느낌을 한 문장으로 표현한다면 어떻게 쓸 수 있을까?

　　한 문장 느낌: _____

　　어떤 장면에서 왜 이렇게 느낀 거야?: _____

　　_____

🍄 만약 내가 주인공이라면 어떤 기분이 들 것 같아?

　　주인공의 기분은? _____

　　이런 기분이 들 것 같은 이유는 뭐야?: _____

　　_____

🍄 등장인물 중 한 사람에게 궁금한 것 딱 한 가지를 질문할 수 있다면 누구에게 어떤 질문을 할 거야?

　　누구에게 질문해 볼까?: _____

　　어떤 질문을 해 볼까?: _____

　　_____

언제 읽었어?	년 월 일 ~ 년 월 일
책 제목은?	
지은이는 누구지?	

책의 제목을 다시 짓는다면 어떤 제목으로 바꾸고 싶어?

원래 제목: ....

내가 다시 지은 제목: ....

제목을 이렇게 바꾼 이유는 뭐니?: ....

....

만약 내가 등장인물 중 한 사람이라면 어떤 기분이 들 것 같아?

등장인물 중 누구의 기분이야?: ....

이 인물은 어떤 기분이 들 것 같아?: ....

왜 이런 기분이 들 것 같다고 생각해?: ....

....

책에서 최고의 장면을 하나만 고른다면?

최고의 장면은 뭐니?: ....

....

이 장면을 뽑은 이유는?: ....

....

언제 읽었어?	년 월 일 ~ 년 월 일
책 제목은?	
지은이는 누구지?	

👤 책을 읽고 난 느낌을 한 문장으로 표현한다면?

느낌이 어때?:

이렇게 표현한 이유는?:

👤 책에 나왔던 최고의 한 문장을 고르고 그 이유를 생각해 봐!

최고의 문장은?:

이 문장을 선택한 이유는 뭐야?:

👤 등장인물 중 한 사람에게 질문할 수 있다면 누구에게 어떤 질문을 하고 싶어?

누구에게 궁금하니?:

어떤 질문을 할 거야?:

너는 그게 왜 궁금하니?:

언제 읽었어?	년 월 일 ~ 년 월 일
책 제목은?	
지은이는 누구지?	

🍦 **주인공에게 한 가지만 질문할 수 있다면 어떤 질문을 하고 싶어?**

주인공에게 궁금한 점은 뭐야?: ....

....

넌 그게 왜 궁금하니?: ....

....

🍦 **만약 내가 책의 주인공이라면 어떤 기분이 들 것 같아?**

어떤 기분일까?: ....

왜 그런 기분일 거라고 생각해?: ....

....

🍦 **책에 별점을 준다면 몇 점을 주고 싶니?**

☆ ☆ ☆ ☆ ☆

별점을 _____개 준 이유를 알려 줄래?: ....

....

언제 읽었어?	년 월 일 ~ 년 월 일
책 제목은?	
지은이는 누구지?	

책에 나왔던 최고의 한 문장을 고르고 그 이유를 생각해 봐!

최고의 문장은?:

이 문장을 선택한 이유는 뭐야?:

책 전체의 내용을 한 문장으로 요약한다면?

주인공에게 꼭 해 주고 싶은 한 마디 부탁해!

언제 읽었어?	년　월　일 ~ 　년　월　일
책 제목은?	
지은이는 누구지?	

👨‍🍳 주인공에게 한 가지만 질문할 수 있다면 어떤 질문을 하고 싶어?

주인공에게 궁금한 점은 뭐야?:

넌 그게 왜 궁금하니?:

👨‍🍳 책을 쓴 작가에게 궁금한 점 하나만 써 볼래?

👨‍🍳 왜 책 제목을 이렇게 지었을까?

책 제목:

왜 제목을 이렇게 지었을까?:

언제 읽었어?	년 월 일 ~ 년 월 일
책 제목은?	
지은이는 누구지?	

🧁 책에 별점을 준다면 몇 점을 주고 싶니?

☆ ☆ ☆ ☆ ☆

별점을 _____개 준 이유를 알려 줄래?:

....

....

🧁 등장인물 중 한 사람에게 질문할 수 있다면 누구에게 어떤 질문을 하고 싶어?

누구에게 궁금하니?: ....

어떤 질문을 할 거야?: ....

....

너는 그게 왜 궁금하니?: ....

....

🧁 책의 제목을 다시 짓는다면 어떤 제목으로 바꾸고 싶어?

원래 제목: ....

내가 다시 지은 제목: ....

제목을 이렇게 바꾼 이유는 뭐니?: ....

....

언제 읽었어?	년 월 일 ~ 년 월 일
책 제목은?	
지은이는 누구지?	

🍳 책을 읽고 난 느낌을 한 문장으로 표현한다면 어떻게 쓸 수 있을까?

한 문장 느낌:

어떤 장면에서 왜 이렇게 느낀 거야?:

🍳 만약 내가 주인공이라면 어떤 기분이 들 것 같아?

주인공의 기분은?:

이런 기분이 들 것 같은 이유는 뭐야?:

🍳 등장인물 중 한 사람에게 궁금한 것 딱 한 가지를 질문할 수 있다면 누구에게 어떤 질문을 할 거야?

누구에게 질문해 볼까?:

어떤 질문을 해 볼까?:

언제 읽었어?   년 월 일 ~ 년 월 일

책 제목은?

지은이는 누구지?

🧑 책의 제목을 다시 짓는다면 어떤 제목으로 바꾸고 싶어?

원래 제목:

내가 다시 지은 제목:

제목을 이렇게 바꾼 이유는 뭐니?:

🧑 만약 내가 등장인물 중 한 사람이라면 어떤 기분이 들 것 같아?

등장인물 중 누구의 기분이야?:

이 인물은 어떤 기분이 들 것 같아?:

왜 이런 기분이 들 것 같다고 생각해?:

🧑 책 속에서 최고의 장면을 하나만 고른다면?

최고의 장면은 뭐니?:

이 장면을 뽑은 이유는?:

언제 읽었어?	년 월 일 ~ 년 월 일
책 제목은?	
지은이는 누구지?	

🧑‍🍳 책을 읽고 난 느낌을 한 문장으로 표현한다면?

　　느낌이 어때?:

　　이렇게 표현한 이유는?:

🧑‍🍳 책에 나왔던 최고의 한 문장을 고르고 그 이유를 생각해 봐!

　　최고의 문장은?:

　　이 문장을 선택한 이유는 뭐야?:

🧑‍🍳 등장인물 중 한 사람에게 질문할 수 있다면 누구에게 어떤 질문을 하고 싶어?

　　누구에게 궁금하니?:

　　어떤 질문을 할 거야?:

　　너는 그게 왜 궁금하니?:

언제 읽었어?   　년　　월　　일 ~ 　　년　　월　　일

책 제목은?

지은이는 누구지?

🧑‍🍳 주인공에게 한 가지만 질문할 수 있다면 어떤 질문을 하고 싶어?

주인공에게 궁금한 점은 뭐야?:

넌 그게 왜 궁금하니?:

🧑‍🍳 만약 내가 책의 주인공이라면 어떤 기분이 들 것 같아?

어떤 기분일까?:

왜 그런 기분일 거라고 생각해?:

🧑‍🍳 책에 별점을 준다면 몇 점을 주고 싶니?

별점을 _____개 준 이유를 알려 줄래?:

나만의 추천 도서목록 만들기

매운맛 미션까지 다 끝낸 친구들, 칭찬해! 그동안 읽은 책 50권 중에 친구에게 추천하고 싶은 책들이 있을 거야. 추천하고 싶은 책들 중에서 한 권만 골라 봐. 그리고 책을 간략하게 소개해 봐. 아래 예시처럼 쓰면 돼!

책 제목	저 책은 절대 읽으면 안 돼!
주제 구분	문학
지은이는 누구지?	임지형 글, 정용환 그림
책 소개	주인공 준이는 책 읽기보다 게임이나 영상 보는 것을 좋아하는 어린이다. 어느 날, 준이네 엄마는 시장에 가며 책장 맨 아래 칸 빨간색 책을 절대로 읽지 말라고 한다. 이후에도 엄마는 집을 비울 때마다 준이에게 빨간색 책을 절대 읽지 말라고 신신당부한다. 이야기가 거듭될수록 준이는 빨간색 책이 점점 더 궁금해지고, 읽고 싶어진다.

1	책 제목	
	주제 구분	
	지은이	
	책 소개	

2	책 제목	
	주제 구분	
	지은이	
	책 소개	

이은경쌤의 초등 글쓰기 완성 시리즈

책읽고쓰기

기본

1판 1쇄 펴냄 | 2021년 12월 10일
1판 10쇄 펴냄 | 2025년 5월 30일

지은이 | 이은경
발행인 | 김병준 · 고세규
디자인 | 김용호(비주얼로그)
발행처 | 상상아카데미

등 록 | 2010. 3. 11. 제313-2010-77호
주 소 | 서울시 마포구 독막로 6길 11(합정동), 우대빌딩 2, 3층
전 화 | 02-6953-8343(편집), 02-6925-4188(영업)
팩 스 | 02-6925-4182
전자우편 | main@sangsangaca.com
홈페이지 | http://sangsangaca.com

ISBN 979-11-85402-49-9 (74800)

· KC마크는 이 제품이 공통안전기준에 적합하였음을 뜻합니다.
· 잘못 만들어진 책은 구입하신 서점에서 교환해 드립니다.

이은경쌤의 초등 글쓰기 완성 시리즈

구분	1학년	2학년	3학년	4학년	5학년	6학년	중1
글쓰기 습관		Best! 세줄쓰기 초등 글쓰기의 시작					
	전래동화 바꿔쓰기						
			주제 일기쓰기				
독서 습관	기본 책읽고쓰기						
			심화 책읽고쓰기				
글쓰기 심화		표현글쓰기					
				자유글쓰기			
						생각글쓰기	
논술 대비	왜냐하면 글쓰기						
			기본 교과서논술				
				논술 쓰기			
					심화 교과서논술	
평가 대비			기본 주제 요약하기				
					심화 주제 요약하기		
						수행평가 글쓰기	
영어 글쓰기		영어 한줄쓰기					
				영어 세줄쓰기*			
						영어 일기쓰기*	

별표(*) 표시한 도서는 출간 예정입니다.

이은경쌤의 초등 글쓰기 완성 시리즈 교재 선택 가이드

- 앞장의 가이드맵을 보면서 권장 학년에 맞추거나 목적에 따라 선택하세요.
- 〈책읽고쓰기〉〈교과서논술〉〈주제 요약하기〉처럼 기본편과 심화편으로 구성된 경우에는 기본편과 심화편을 둘 다 해도 되고, 권장 학년에 맞추어 둘 중 하나만 골라서 해도 돼요.

몇 학년이든 모든 글쓰기는 〈세줄쓰기〉로 시작해요

글쓰기 습관이 필요하다면?
〈전래동화 바꿔쓰기〉
〈주제 일기쓰기〉

+

독서 습관이 필요하다면?
〈 기본 책읽고쓰기〉
〈 심화 책읽고쓰기〉

글쓰기 습관과 독서 습관을 모두 갖추었다면?
〈표현글쓰기〉 〈왜냐하면 글쓰기〉 〈자유글쓰기〉 〈생각글쓰기〉

이제 논술과 수행평가를 대비할 차례! 무엇부터 해야 할까요?

논술을 대비하고 싶다면?
〈 기본 교과서논술〉
〈 심화 교과서논술〉
〈논술 쓰기〉

+

수행평가를 대비하고 싶다면?
〈 기본 주제 요약하기〉
〈 심화 주제 요약하기〉
〈수행평가 글쓰기〉

영어도 대비하고 싶다면? 〈영어 한줄쓰기〉 〈영어 세줄쓰기〉* 〈영어 일기쓰기〉*

별표(*) 표시한 도서는 출간 예정입니다.